66 Freizeit-Tipps

Städtedreieck Trier – Saarbrücken – Kaiserslautern hat noch mehr Buchstaben im Ansichten-Alphabet. E wie Edelsteine zum Beispiel oder G wie Geschichte. Spannend ist es also, diese Landschaft von A bis Z kennen zu lernen.

Den waldreichen und wanderfreundlichen Hunsrück verbindet mit dem Naheland eine besondere Geologie: fossilienreiche Schiefer hier, wertvolle Edelsteine da – beispielsweise in Idar-Oberstein. Hier an der Deutschen Edelsteinstraße zeigt sich die Erde – mit prachtvoll glitzernden Edelsteinen – von einer besonders schönen Seite. Die einstige Edelsteinmine Steinkaulenberg ist heute ein Besucherbergwerk, und im Deutschen Edelsteinmuseum erzählen Amethyst, Achat und andere edlen Steine von einer glänzenden Vergangenheit.

Saarbrücken lockt mit saarländischer Gemütlichkeit und französischem Ambiente. Daneben prägte die Völklinger Hütte, seit 1995 Weltkulturerbe, über ein Jahrhundert lang Stadt und Umgebung. Heute zeigt sie eindrucksvoll die industrielle und soziale Geschichte dieser Region. Als Ergänzung dazu lädt Saarlouis in die Gewölbe seiner historischen Kasernen: In den Kasematten reiht sich ein gemütliches Lokal an das andere. Und vom Aussichtspunkt 'Cloef' bei Orscholz zeigt sich die Saarschleife von ihrer romantischen Seite. In Homburg wartet im Römermuseum Schwarzenacker Geschichte zum Anfassen. Und die Schlossberghöhlen bieten als größte Buntsandsteinhöhlen Europas auf drei Etagen ein 800 Meter langes Gängelabyrinth. Sie sind spannend und geheimnisvoll – wie so viele Ausflugsziele dieser Region.

Trier | Geschichte auf Schritt und Tritt

Porta Nigra
tgl. 9-17 Uhr

1 Das 'Tor zur Stadt' nennen die Trierer die Porta Nigra. Stimmt genau! Denn das Wahrzeichen der ältesten Stadt Deutschlands öffnet den Blick auf Vergangenheit und Gegenwart zugleich. Vom höchsten der rundum begehbaren Stockwerke blickt man auf den über 900 Jahre alten Dom, aber auch auf die Fußgängerzone mit ihren alten, behutsam modernisierten Bürgerhäusern. Mit 2000 Schritten kann man hier rund 2000 Jahre Geschichte erleben, denn die wichtigsten historischen Bauwerke liegen eng beieinander – das Simeonsstift mit dem ältesten Stiftshof auf deutschem Boden, die große Konstantin-Basilika, die Kaiserthermen oder die Steipe, der mittelalterliche Prachtbau auf dem Hauptmarkt. In Trier erwartet Sie ein zweistündiger, hochinteressanter Spaziergang durch die Geschichte.

Trier | Aufwändige Bäderanlage

Kaiserthermen
tgl. 9-17 Uhr

2 Einen weiteren Höhepunkt des Stadtrundgangs bilden die Ruinen der Römischen Kaiserthermen an der Ostallee, einer der größten Bäderanlagen des römischen Reiches mit Warmbad, Kaltbad und Sportplatz. Später diente das imposante Bauwerk aus dem 4. Jh. n. Chr. im Wechsel als Kastell, als Kirche und als Teil der Stadtbefestigung. Gut erhalten sind das Mauerwerk des Warmbades sowie das weitläufige Kellergeschoss mit den Brennstellen für die Beheizung, die so genannten Präfurnien. Dieses begehbare unterirdische System von Wasser- und Abwasserkanälen, Heizschächten und Bedienungsgängen beeindruckt noch heute. Kaum eine zweite Anlage der Antike weist ein so kompliziertes unterirdisches Gangsystem auf.

Trier | Arena für Gladiatorenkämpfe

3 Von den Kaiserthermen gelangt man über die Olewiger Straße zum römischen Amphitheater, das allerdings nur in Resten erhalten ist. Die Arena, durch eine hohe Abschlussmauer von den auf drei Ränge verteilten Sitzreihen getrennt, misst 75 Meter in der Länge und 50 Meter in der Breite und ist teilweise unterkellert. Zwölf gewölbte, in die Mauer eingefügte Kammern dienten zur Unterbringung wilder Tiere. Denn in der um 100 n. Chr. erbauten Arena fanden ausschließlich Gladiatoren- und Tierkämpfe statt. Sie bot 20 000 Zuschauern Platz, die sich an blutigen Schauspielen ergötzten, bei denen Tiere und Menschen um ihr Leben kämpften. Für die Besucher von heute ist diese Begeisterung nur schwer nachvollziehbar.

Amphitheater
tgl. 9-17 Uhr

Konz | Bäuerliche Alltagskultur

4 Das Freilichtmuseum Roscheider Hof lädt zur Reise in die Vergangenheit ein: Zeigen Sie Ihren Kindern, wie man bis in die 50er-Jahre des 20. Jahrhunderts im Kramladen um die Ecke einkaufte, oder blicken Sie in den Klassenraum von 1912, der an so manchen Schuljungenstreich und an seine oft schmerzhaften Folgen erinnert. Einige Schritte weiter verdeutlicht die kleine Dorfkneipe, dass die Menschen auch früher Gemütlichkeit schätzten. In den renovierten Bauernhäusern hinter bunten Haus- und Obstgärten findet sich alles an seinem angestammten Platz: die Töpfe in der Küche und die Wärmflasche in der Schlafkammer. Doch lassen Sie sich nicht täuschen: Das bäuerliche Leben war früher mühsam und sehr entbehrungsreich.

Freilichtmuseum Roscheider Hof
Di.-So. 10-18 Uhr

Saarburg | Naturschauspiel – mitten in der Stadt

5 Seit rund 700 Jahren fließt der Leukbach mitten durch das Städtchen Saarburg. Zwischen engen Gassen und bunten Fachwerkhäusern nimmt er seinen Lauf, um dann über ein Felsmassiv in mehreren Stufen 20 Meter in die Tiefe zu stürzen. Unterhalb des Spektakels baute man die Stadtmühlen und nutzte die Wasserkraft zum Antrieb der Wasserräder.
Es blieb allerdings nicht aus, dass das reißende Flüsschen in manchen Jahren großen Schaden anrichtete. Die anliegenden Häuser wurden überschwemmt, Brücken und Stege weggerissen. Zur Absicherung baute man die Tümpelsmauer, die 1808 in ihrem heutigen Zustand letztmalig errichtet wurde. Was bleibt, ist ein gigantisches (Wasser-) Schauspiel, das sich besonders bei Hochwasser von seiner schönsten Seite zeigt.

Saarburg | Der gute Ton von Saarburg

6 Festgemauert in der Erde – wie zu Schillers Zeiten wird hier die Form noch aus Lehm gebrannt: In der Glockengießerei von Saarburg, seit Jahrhunderten im Besitz der Familie Mabilon, werden die ehern-edlen Klangkörper traditionell von Hand gefertigt. Immer wenn eine besonders schöne und große Glocke gegossen wird – wie diejenige aus dem Geläut der Mainzer St.-Bonifazius-Kirche – können Sie einem der wenigen noch amtierenden Glockengießermeister und seinen Gesellen bei der Arbeit zusehen. Der Betrieb Mabilon mit seinen wohlklingenden Produkten kann freilich das ganze Jahr über – am besten nach vorheriger telefonischer Anmeldung – besichtigt werden. So eingestimmt, werden Sie möglicherweise die Reste der Stadtbefestigung, die historischen Fischerhäuser, die Tümpelsmauer und die alten Mühlen noch romantischer finden.

Glockengießerei Mabilon
Staden 130,
Mo.-Fr. 8-12 Uhr,
13-16 Uhr

Inhalt

66 Freizeit-Tipps 4

Die interessantesten Ausflugsziele und spannendsten Sehenswürdigkeiten für die ganze Familie.
Für Urlaub und Freizeit informativ in Bild und Text vorgestellt.

10 Fahrradtouren 40

Die schönsten Rund- und Streckentouren mit interessanten Tipps zu Freizeiteinrichtungen, Kunst und Kultur.

Impressum 46

Bekanntes und Unbekanntes

für Sie entdeckt

Willkommen in einer Landschaft, die sich mit Wald, Wasser und Wein schmückt: Wald finden Sie auf den Höhen des Hunsrücks, in der Pfalz und in weiten Teilen des Saarlandes. Wasser gibt es in vielen Stauseen, kleinen und großen Flüssen und klaren Bächen, die hier ein riesiges Reservoir für Erholungsdurstige bieten. Weinberge stehen seit alters her an Mosel, Saar, Ruwer und Nahe. Aber das Gebiet im

Kell am See | Freizeitspaß rund um den See

7 Wer hier alle Freizeitmöglichkeiten ausnutzen will, kommt ganz schön aus der Puste. Das Freizeitzentrum Kell am See, abseits der Hunsrück-Höhenstraße gelegen, gilt in Rheinland-Pfalz als beispielhaft. Da ist für jeden Geschmack und jedes Temperament etwas dabei: Angeln oder Boot fahren für Verträumte, Tennis, Reiten und Schwimmen für die Aktiveren. Besonders gefragt sind Rundflüge vom nahen Segelflugplatz. Gäste sind willkommen. Aber es muss ja nicht immer gleich etwas Besonderes sein. Gehen Sie doch einfach mal spazieren, und Sie werden ganz von selbst spüren, warum man hier den Alltag so schnell hinter sich lassen kann: Idyllische Waldgebiete, satte Wiesen, kleine Stauweiher, ein Waldlehrpfad, eine Wanderung mit dem Förster oder die für den Hunsrück typischen Spießbratplätze bieten Abwechslung genug. Sie werden sehen: Langeweile ist in Kell am See tabu.

Losheim am See | Nostalgie pur

8 Der Museumseisenbahnclub Losheim betreibt seit Juni 1982 auf den Bahnanlagen der ehemaligen Merzig-Büschfelder-Eisenbahn dampflokbetriebene Museumsfahrten zwischen Losheim und Merzig. Die nostalgische Hin- und Rückfahrt dauert etwa zwei Stunden. Natürlich ist auch für das leibliche Wohl während der Fahrt gesorgt – alle Züge werden bewirtschaftet. Ein weiteres Plus: Fahrräder werden kostenlos transportiert.

Falls Sie mehr über die Museumseisenbahn erfahren wollen: Das Eisenbahnmuseum im Lokschuppen von Losheim informiert mit Fotos, Dokumenten und Exponaten aus der Geschichte der Merzig-Büschfelder-Eisenbahn. Werfen Sie einen Blick hinein, denn hier lebt die "gute alte" Dampfeisenbahn-Romantik wieder auf.

Eisenbahnmuseum
Bahnhofstraße,
Ostern-Okt. Di., Do., So. 11-17 Uhr

Losheim am See | Hochstimmung am Hochwaldrand

9 Der 31 Hektar große Losheimer Stausee ist ein beliebtes Naherholungszentrum für Saarländer. Angler, Surfer, Segler und Tretbootfahrer finden am und auf dem Wasser ihr Revier.

Für alle, die sich lieber auf sicherem Grund und Boden bewegen, gibt es eine Minigolfanlage. Sonnenanbeter und Wasserratten sind im Strandbad mit seiner großen Liegewiese gut aufgehoben – an warmen, sonnigen Wochenenden natürlich mit einer Menge Gleichgesinnter. Da empfiehlt sich schon mal zur Abwechslung eine Wanderung durch den angrenzenden Hochwald, der bekannt ist für seinen Wildreichtum. Die gut ausgeschilderten, idyllisch-ruhigen Waldpfade sind selbst für ungeübte Wanderer eine reizvolle Alternative.

Losheim am See | Ein Pfad für alle Sinne

10 Sie wollen nicht nur mit offenen Augen und Ohren, sondern auch mit Geruchs- und Tastsinn die Natur erfahren? Dann begehen Sie mit Ihren Kindern den Naturerlebnis- und Tastpfad bei Britten. Auf einer rund zwei Kilometer langen Wegstrecke zeigen Infotafeln, welcher dieser vier Sinne jeweils angesprochen wird. So können Sie beispielsweise an der zweiten Station Ihre eigene Waldmusik machen oder an der vierten Station den "Summstein" ausprobieren. Die dritte Station mit dem Symbolschild 'Ohr' fordert Sie auf, sich ganz bewusst auf die Geräusche der Umgebung zu konzentrieren. Das Baumtelefon an der siebten Station hält eine weitere Überraschung für Sie bereit: Am Riechbaum lernen Sie die unterschiedlichsten Düfte des Waldes und seiner Umgebung kennen und können verschiedene Fellarten ertasten. Den Abschluss bildet ein Feuchtbiotop – mit quakenden Fröschen.

Kastel-Staadt | Sandstein mit Stil

11 Wer von Saarburg aus in Richtung Serrig fährt, taucht ein in eine sattgrüne Landschaft mit stillen, verträumten Dörfern. Auf den sanft geschwungenen Anhöhen rund um das Saartal haben schon die Römer gesiedelt. Kurz vor der Serriger Saarschleife erhebt sich auf der einen Seite des Flusses ein Hochplateau: Wie in den Berg gemeißelt steht da eine Kapelle aus leuchtend rotem Sandstein – die Klause von Kastel. In seinem Kern stammt der auffällige Bau aus der Zeit um 1600. Um 1836 ließ hier der preußische König Friedrich Wilhelm IV. durch den bedeutenden Berliner Baumeister Karl Friedrich von Schinkel ein Grabmal für den blinden Böhmenkönig Johann errichten – in einer eigenartigen Stilmischung aus Neoromanik, Neogotik und Klassizismus.

Klause Kastel
Jan.-Nov. Di.-So.
10-13 + 14-17 Uhr

Mettlach | Schmucke Schleife

12 Auch wenn Sie schon tausend- und abertausendmal fotografiert wurde – die Saarschleife ist und bleibt ein beliebtes Motiv. In einem eleganten Bogen schlängelt sich die Saar bei Mettlach-Orscholz um einen dicht bewaldeten Bergrücken. Vom Aussichtspunkt Cloef aus genießen Sie den spektakulärsten Blick auf die große Saarschleife. Ab und zu belebt ein weißes Ausflugsschiff das dunkle Gewässer. Das Angebot der 'Weißen Flotte Saartal' reicht von Panoramarundfahrten mit Bewirtung bis zu Mondscheinfahrten mit Musik und Tanz. Erkunden Sie aber auch die nähere Umgebung: beispielsweise das romantische Leukbachtal, das Schwarzbruchgebiet oder die reizvolle Kollesleuker Schweiz.

Weiße Flotte Saartal
Am Ziegelberg 2,
Panoramafahrten um die Saarschleife
9.45, 12, 15, 17 Uhr

Märchenpark
Orscholz
April-Okt.
tgl. 10-19 Uhr.

Mettlach | Es war einmal ...

13 Dort, wo die Saar am schönsten zu betrachten ist, hoch über der Saarschleife, liegt etwas versteckt im lichten Buchenwald ein Märchen-, Tier- und Spielparadies. Den Anfang machen die unterschiedlichsten Spielgeräte, die zum Toben einladen. Dann erwarten die kleinen Besucher hautnahe Tiererlebnisse im Streichelzoo sowie ein großes Wildgehege.

Nun folgen, an schattigen Wegen entlang, acht Märchenhäuser, die ihre geheimnisvollen Bewohner in einer Märchenwelt präsentieren. Wenn Sie näher treten, werden Ihnen Geschichten erzählt. Ob Froschkönig oder Rumpelstilzchen, ob Schneewittchen oder Hänsel und Gretel – die Märchen der Gebrüder Grimm bezaubern Kinder und jung gebliebene Erwachsene gleichermaßen. Hand aufs Herz: Hätten Sie all diese wundervollen Geschichten so märchenhaft erzählen können?

Mettlach | Ton auf dem Präsentierteller

Erlebniszentrum
mit Keramikmuseum
Alte Abtei
Mo.-Fr. 9-18 Uhr,
Sa. 9.30-16 Uhr,
April-Okt. auch So.

14 Im Erlebniszentrum von Villeroy & Boch in der Alten Abtei begegnen Ihnen Kulturgeschichte, Keramik-Tradition und zukunftsweisende Konzepte rund um die Themen \`Leben und Wohnen´. Einen der Schwerpunkte bildet das Keramikmuseum Mettlach. Es zeigt im Rahmen einer abwechslungsreichen Präsentation europäische Industriegeschichte vom Spätbarock bis heute, daneben aber auch die Entwicklung der Alltagskultur. Staunen Sie über die Nachttöpfe von Kaisern und Königen und erleben Sie die Vielfalt und Schönheit der Farben, Formen und Dekore.

Bei einem Spaziergang im Park lernen Sie weitere Sehenswürdigkeiten kennen: Der historische Schinkel-Brunnen war ein Geschenk des preußischen Kronprinzen Friedrich Wilhelm an Jean-Francois Boch, bei dem er 1833 zu Gast war. Neben dem Alten Turm, er wurde vor rund 1000 Jahren als Grabkapelle für den hl. Luitwinus errichtet, finden Sie zwei moderne Ensembles: Der Erdgeist von André Heller und die Weltkarte des Lebens von Stefan Szczesny bilden zusammen den Living Planet Square. Er war einer der Höhepunkte der Expo 2000 in Hannover.

Mettlach | Tischkultur vom Feinsten

Erlebniszentrum von Villeroy & Boch Alte Abtei
Mo.-Fr. 9-18 Uhr, Sa. 9.30-16 Uhr, April-Okt. auch So.

15 Klassische Musik und stimmungsvolles Licht verbreiten ein Ambiente, das zum Verweilen einlädt: In der Alten Abtei in Mettlach zeigt das Unternehmen Villeroy & Boch Stimmungswelten rund um die Tischkultur. Die Produktpräsentation bietet faszinierende Höhepunkte. So wechseln Tag- und Nachtsituationen, lockt ein Marktplatz zum Bummeln, werden Wohnkonzepte vorgestellt, harmoniert das Arrangement von Kleinmöbeln mit den vielfältigen Geschirrvariationen. Hier dreht sich alles um den perfekt gedeckten Tisch. Ebenso unerschöpflich sind die Variationen im Bereich Bad, Küche, Fliesen und Wellness. Hier werden Küchen und Badezimmer zu Erlebniswelten.

Wer Schönes von Villeroy & Boch auch zu Hause erleben möchte, der kann die Einkaufsmöglichkeiten im Bereich Tischkultur in den Factory-Outlet-Shops im Ort nutzen.

Merzig | Mit den Wölfen heulen

Wolfspark im Merziger Kammerforst
Waldstraße, tgl. geöffnet

16 Wer glaubt, dass in deutschen Wäldern Wölfe ausgestorben seien, irrt gewaltig: Im Waldgebiet 'Kammerforst' kann der Wanderer sie heute wieder heulen hören. Hier leben Wölfe in großen Freigehegen. Die Existenz des Wolfsparks Merzig ist dem Verhaltensforscher Werner Freund zu verdanken, der 1972 begann, wölfische Verhaltensweisen zu studieren. Heute beherbergen die Gehege neben europäischen Wölfen auch weiße Alaska- sowie braune und schwarze kanadische Timberwölfe.

Jeden ersten Sonntag im Monat lädt Werner Freund zu einer 'Begegnug mit den Wölfen' ein. Treffpunkt für die Führung, die um 16 Uhr beginnt, ist das Gehege der weißen Wölfe.

Tropfsteinhöhle Niedaltdorf
Di.-So. 10-12 + 14-17 Uhr

Rehlingen-Niedaltdorf | Steter Tropfen höhlt den Stein

17 Die Tropfsteinhöhle von Niedaltdorf ist ein kleines Höhlenwunder. Sie entstand durch die häufigen Überschwemmungen der Nied, die in der Nähe vorbeifließt. Im weichen Kalktuffgestein hat das Wasser im Laufe von gut 7000 Jahren zarte, zerbrechliche, bizarre und auch ganz massive Tropfsteingebilde entstehen lassen. Hier sind alle Stufen der Stalaktitenbildung gut zu beobachten, von dünnen Sinterröhrchen über noch hohle Zapfen bis zu einem dichten, schweren Tropfsteinvorhang. Zwanzig Minuten genügen, um die faszinierende Welt der Tropfsteingebilde sowie die versteinerten Wurzeln und Moose zu besichtigen.

Im Gasthaus 'Zur Naturtropfsteinhöhle', das sich direkt über der Höhle befindet, können Sie sich zu einer Führung anmelden. Steigen Sie also hinab ins versteckte Reich der Stalaktiten und Stalagmiten.

Überherrn-Felsberg | Hier soll der Teufel mitgespielt haben

Teufelsburg
April-Juli
So. 15-18 Uhr

18 Der Legende nach geht der Name Teufelsburg auf einen Kampf mit tödlichem Ausgang zurück, den die Brüder Graf von Siersburg und Ritter von Felsberg um eine Frau – Alice von Forbach – ausgetragen haben. Hierbei hatte angeblich der Teufel zugunsten des Ritters von Felsberg seine Hand im Spiel. Wie dem auch sei: Heute ist die Teufelsburg ein beliebtes Ausflugsziel, bietet sie doch einen unvergleichlichen Ausblick über das Tal der Saar sowie die Ausläufer der Vogesen im Süden.

Im Sommer wird auf der Teufelsburg gekämpft, geliebt und gemeuchelt – wie einst vor 650 Jahren: Bei den 'Teufelsburgspielen' werden die Felsberger Ritter wieder lebendig. Eine Mischung aus Gaudi und authentischer Historie.

Saarlouis | Festung für Gourmets

19 Über die Vergangenheit ist Gras gewachsen. Grüne Gehwege durchziehen die Kasematten von Saarlouis, die harmonisch ins ehemalige Festungsgebiet um den Saaraltarm einbezogen sind. Louis XIV. war auch hier stilprägend: In den Jahren 1680 bis 1686 ließ der Sonnenkönig die Festungsanlagen errichten, als französische Grenzbefestigung zur Mosel und zur Pfalz. Die Reste dieser trutzigen Bastion wurden in jahrelanger Feinarbeit restauriert. Der 'Contregarde Vauban', die nach ihrem Erbauer benannte Wasserfestung mitten in der Saar, ist geschichtsbewussten Spaziergängern wieder zugänglich gemacht worden. In den Kreuzgewölben der Kasematten treffen sich heute die Feinschmecker, um in einem der vielen stilvoll gestalteten Restaurants zu speisen. Wo einst schwere Geschütze standen, knallen heute höchstens Sektkorken oder schießen Flambier-Flammen empor.

Völklingen | Technikgeschichte und Industriekultur

Völklinger Hütte
März-Okt.
tgl. 10-19 Uhr

20 1986 wurde sie stillgelegt und bald darauf von der UNESCO in den Rang eines Weltkulturerbes erhoben: Die Völklinger Hütte mit ihren sechs zwischen 1882 und 1916 errichteten Hochöfen ist heute das weltweit einzige erhaltene Eisenwerk aus der Blütezeit der Eisen- und Stahlindustrie und ein bedeutendes Zeugnis für die Industriekultur des späten 19. und frühen 20. Jahrhunderts. Heute erschließt ein Besucherweg mit Aufstieg zum Hochofen 6 die wichtigsten Stationen, die den Prozess der Roheisenerzeugung anschaulich und verständlich machen. In der einstigen Gebläsehalle finden interessante Ausstellungen und Konzerte statt. Eine spannende und faszinierende Tour!

Saarbrücken | Rendezvous mit Michel und Marianne

21 Im Jahre 1960 trafen sich zum ersten Mal Michel und Marianne in einem weiträumigen Park im Deutschmühlental, der als Zeichen der Freundschaft von französischen und deutschen Gärtnern gemeinsam angelegt wurde. Seitdem ist der deutschfranzösische Garten ein beliebter Treffpunkt, eine grüne Oase, eine farbenfrohe Rückzugsmöglichkeit. Im Zentrum des Gartens, dem Deutschmühlenweiher, tummeln sich ungestört Enten und Schwäne. Nur wenn die Wasserorgel mit ihren tanzenden Fontänen erklingt, kommt Bewegung in die Wasserlandschaft.

Der beste Überblick über die grüne Erholungslandschaft bietet sich von der Seilbahn aus: Schweben Sie in einer der Gondeln über das Tal und genießen Sie den Ausblick.

Saarbrücken | Eine Welt im Kleinen

22 Was macht das Brüsseler Atomium in Saarbrücken? Das wird sich so mancher fragen, der in der Gulliver-Welt des Deutsch-Französischen Gartens plötzlich vor dem belgischen Wahrzeichen steht. Natürlich handelt es sich nicht um das Original, und außerdem ist es auch dreißigmal kleiner als das Brüsseler Vorbild, aber es gehört zusammen mit 66 anderen berühmten Bauwerken dieser Erde zu den viel bestaunten Attraktionen in diesem Park. Falls Sie schon immer mal den Schiefen Turm von Pisa, die Porta Nigra von Trier, das Berliner Brandenburger Tor oder die Blaue Moschee von Istanbul sehen wollten, ohne allzu sehr in die Ferne schweifen zu müssen – in der Gulliver-Welt sind sie im Maßstab 1:33 nachgebaut und in unmittelbarer Nachbarschaft vereint. Ein paar Schritte weiter präsentieren sich so geschichtsträchtige

Bauwerke wie der romanische Dom zu Speyer, bei seiner Weihe 1061 das größte Gotteshaus des christlichen Abendlandes. Ferner entdecken Sie das Lübecker Holstentor und den Felsendom in Jerusalem. Besonders leicht zu erkennen sind die Sphinx, die im ägyptischen Giseh die berühmten Pyramiden bewacht, das Weiße Haus in Washington sowie Neuschwanstein, das romantische Märchenschloss des bayerischen Königs Ludwig II. Nicht fehlen darf natürlich auch die maßstabsgetreu verkleinerte New Yorker Freiheitsstatue. Nach diesem ausgedehnten und informativen Bummel "rund um den Globus", lockt als attraktive Ergänzung und als Kontrastprogramm ein kleiner Vergnügungspark für die Kids – mit Teufelshaus und Luna-Loop.
Viel Vergnügen bei Ihrer aufregenden Reise durch die Welt!

Saarbrücken | Die letzten Abenteuer

23 Heinz Rox-Schulz bereiste die Welt mit der Neugier eines Forschers: Er fuhr allein im Faltboot zum Quellgebiet des Amazonas. In Afrika verhalf ihm eine junge Prinzessin vom Stamme der Achanty Zugang zu ihrem verschlossenen Volk. Er zog mit den Tuareg durch die Sahara und lebte unter Kopfjägern und Kannibalen. In Büchern und Filmen beschrieb er die letzten Abenteuer unserer Welt. Von seinen Reisen brachte er neben Schmuck und Skulpturen auch geheimnisvolle Fetische und Masken mit in die Alte Welt. Seine Schätze, jahrelang im Abenteuermuseum im Alten Rathaus ausgestellt und von ihm betreut, können nun auf dem Gelände des Saarbrücker Zoos bewundert werden. Besuchen Sie dort diese einzigartige Sammlung und vergessen Sie zwischen Ahnenschädeln und Schrumpfköpfen die europäische Zivilisation.

Abenteuermuseum/ Zoo Saarbrücken
Graf Stauffenbergstraße 1
tgl. 8.30-18 Uhr

Saarbrücken | Dreiklang am Saarufer

Saarland-Museum
Bismarckstr. 13-15, Di.-So. 10-18 Uhr

24 "Dreiklang" ist der Name einer Plastik von Rudolf Belling. Sie finden das Kunstwerk im Saarland-Museum am rechten Saarufer, das eine der schönsten Sammlungen deutscher Im- und Expressionisten sein Eigen nennt. Und weil Nachbarschaft verpflichtet, ist hier die klassische Moderne Frankreichs ebenfalls augenfällig repräsentiert. Den Skulpturengarten bereichern bislang sieben Großplastiken, die wesentliche Positionen innerhalb der Bildhauerkunst des 20. Jahrhunderts repräsentieren. Den Auftakt bildet die Bronze 'Vénus sans bras' von Aristide Maillol aus dem Jahre 1920. Dreiklang – das hat durchaus auch etwas Symbolisches.

Das harmonische Nebeneinander von Museum, Musikhochschule und Theater ist kein Zufall. Kulturufer nennen die Saarbrücker den von Grünanlagen durchzogenen Komplex an der Saar. Von der anderen Seite grüßen das Schloss und die Schlosskirche herüber.

St. Ingbert | Mit der Natur auf gutem Fuß

25 "St. Ingbert inmitten schöner Wälder und Höhen" – so steht es immer wieder geschrieben. Wie ein Kranz umrahmen dicht bewaldete Hügel die Stadt im Saarpfalzkreis. Weil es eben so nahe liegt, sind die Wälder um "Dengmert" – so nennen die Einheimischen ihre Stadt – viel geliebt und viel besucht. Eine besondere Attraktion ist der "Stiefel", ein bizarrer, rund 21 Meter hoher Felsen, der durch Erosion entstanden ist und einem überdimensionalen Stiefel ähnlich sieht. Vom Waldparkplatz erreicht man ihn auf einem steilen Weg in etwa 15 Minuten, gutes Schuhwerk ist also angesagt. Das gilt auch für den Lehrpfad, der die Naturdenkmäler Stiefeler Felsen und Stiefeler Schloss, Fliegerstein und Spellenstein sowie 'Hänsel und Gretel' erschließt.

St. Ingbert | Glück auf!

26 Die Welt der Bergarbeiter, das Geheimnis der dunklen Tiefe und die schwere Arbeit unter Tage war früher vielen Menschen in dieser Region vertraut. Heute sind fast alle Gruben geschlossen. Wer trotzdem die Welt des Bergbaus erkunden will, kommt am besten ins Besucherbergwerk Rischbachstollen. In diesem Bergwerk, das bis 1959 in Betrieb war, wird seit einigen Jahren sogar wieder originalgetreu gearbeitet. In Bergmannskleidung und mit Kopflampe geht es bei den Führungen, die nach Absprache angeboten werden, hinab ins Stollensystem. Dort werden Sie unter fachkundiger Begleitung mit den unterschiedlichsten Facetten des Arbeitsalltags unter Tage bekannt gemacht. An alten Maschinen können Sie selbst ausprobieren, wie hart die Bergmannsarbeit war.

Nach der Rückkehr ans Tageslicht erwartet Sie dann eine wohlverdiente Bergmannsvesper.

Zweibrücken | Im Zeichen der Rose

27 Der Rosengarten von Zweibrücken verwandelt sich jeden Sommer – Höhepunkte sind die Rosentage im Juni – in ein Farben- und Blütenmeer. Vom duftigen Lachsrosa bis zum samtschimmernden Blauschwarz reicht die Palette: Ein Fest fürs Auge und Lohn für eine unermüdliche Zuchtarbeit, die seit 1914 rund 2000 Sorten zum Blühen brachte. Vom Frühjahr bis in den Herbst hinein entfalten auch viele andere Blumen ihre farbenfrohen Blüten, Büsche und Bäume leuchten in frischem Grün und später in Rostrot. Stille Winkel und verträumte Nischen mit kleinen Pavillons und Skulpturen setzen Akzente. Und dazwischen laden Cafés und Restaurants dazu ein, die Blumenpracht bei einer Tasse Kaffee zu genießen.

Zweibrücken | Reitturniere und Hengstparaden

Landgestüt Zweibrücken
Gutenbergstr. 16,
Mo.-Fr. 9-12+13-16,
Sa. 9-12 Uhr

28 Zweibrücken ist nicht nur die Stadt der Rosen. Ihr Wappen ziert auch ein springendes Ross. Denn außer edlen Blumen werden hier auch rassige Pferde gezüchtet. Über 20 Jahre wurden arabische Hengste und englische Vollblutstuten gekreuzt: Die Erfolgsgeschichte der "Zweibrücker" ist legendär. Das Landgestüt Zweibrücken wurde 1755 von Herzog Christian IV., selbst ein begeisterter Reiter, gegründet. Neben der erfolgreichen Zucht stehen heute interessante Veranstaltungen auf dem Programm. Als Höhepunkte im alljährlichen Ablauf sind die Hengstparade im Januar, die großen Hallenreitturniere im März, der Zweibrücker Pferdemarkt im Mai und die Zweibrücker Pferdetage im August zu nennen – attraktive Termine für Pferdefreunde und Anhänger des Pferdesports.

Homburg/Saar | Alte Römerstadt

Römermuseum Schwarzenacker
März-Okt.
tgl. 9-17 Uhr,
Nov.-Febr.
Sa.+So. 10-16.30 Uhr

29 Am Eingang des unteren Bliestals lag einst eine römisch-keltische Etappenstadt von überregionaler Bedeutung, die 275 n. Chr. von den Alemannen zerstört wurde. Bereits zu Beginn des 18. Jh.s stieß man durch Zufall auf ein Schwitzbad, später entdeckte man ein Gräberfeld, das auf eine Siedlung schließen ließ. Straßen, Plätze und originalgetreu rekonstruierte Wohngebäude vermitteln ein lebendiges Bild von der einst blühenden Stadt und vom Alltag der Römer vor fast 2000 Jahren. Entlang der Straßenzüge mit zum Teil überdachten Gehsteigen lagen Wohnhäuser und Geschäfte. Regen-

und Brauchwasser wurden in Kanälen durch die Stadt geleitet. In der Umgebung der Siedlung lagen Bauernhöfe und Villen, und auf den Hügeln waren Tempel zur Götterverehrung erbaut worden. Leider ist der Name dieser Römerstadt nicht bekannt. Von der später abgebrannten Erde hat der Homburger Stadtteil Schwarzenacker seinen Namen. Geblieben sind die Ruinen, aus denen das römische Freilichtmuseum Schwarzenacker entstanden ist, und die handwerklichen und kunsthandwerklichen Fundstücke, die in einem Landhaus aus dem 18. Jahrhundert gezeigt werden.

Homburg/Saar | Höhlenzauber

30 Homburg kann mit einem Superlativ aufwarten, denn es besitzt Europas größte Buntsandsteinhöhlen. Natürliche Verwitterung hat im Laufe von Jahrmillionen das einzigartige System von Höhlen, Hallen und Gängen entstehen lassen, das sich über fünf Kilometer und zwölf Stockwerke in die Tiefe des Festungsberges hineingräbt. Vermutlich schon im Mittelalter, aber auch während des Zweiten Weltkrieges dienten die 1930 wieder entdeckten Schlossberghöhlen der Bevölkerung als Schutzräume und Versteck vor Feinden. Zur Besichtigung freigegeben sind die obersten drei Stockwerke, die man auf einer Länge von über 800 Meter aufrecht begehen kann. "Silbersand" nennt der Volksmund den feinen weißen Sandstein, der so leicht durch die Finger rinnt. Dass es in den Höhlen trotzdem golden schimmert, liegt am roten Sandstein, der den Felsen Halt gibt.

Homburger Schlossberghöhlen
April-Okt. tgl. 9-18 Uhr, Nov.-März 9-16 Uhr

Homburg/Saar | Wiesen, Wälder und Weiher

31 Über 700 Jahre alt ist der Homburger Stadtteil Jägersburg. Die Gustavsburg am Schlossweiher gehört zu den wenigen Zeugnissen einer Zeit, in der sich die Wittelsbacher Herzöge hier ihre Domizile schufen. Wenn über das erste Juliwochenende das Strandfest zahlreiche Besucher anlockt, findet im Burghof eine Hubertusmesse statt. Abends spiegelt sich die Gustavsburg malerisch im Schlossweiher. Die Parklandschaft, die hier beginnt und zum Wandern einlädt, lockt mit einem Wasserspielplatz, Minigolfanlage, Tischtennis und Gartenschach. Die Aue entlang der Fischzuchtteiche wurde ihres zum Teil exotischen Baumbestandes wegen zu einem Arboretum ausgebaut. Die große Fläche des Brückweihers beleben Ruder- und Tretboote, die Uferpromenaden laden zum Sonnenbaden ein. Wer will, kann von der Terrasse eines Ausflugslokals dem bunten Treiben zusehen.

Bexbach | Die Welt unter Tage

32 Bexbachs Schmuckstück liegt am Fuß des Höcherbergs: ein prachtvoller Blumengarten mit dem einzigen Grubenmuseum links des Rheins. Der vierzig Meter hohe Hindenburgturm gibt nicht nur Einblick in die Geschichte des Kohlebergbaus, sondern erlaubt auch einen weiten Rundblick über das Pfälzer Land sowie hinüber zum Schwarzwald und bis in die Vogesen. Unter seinen festen Mauern führen historisch gekleidete Bergleute die mit Helm und Grubenlampe ausgestatteten Besucher in einen Stollen. Hier bekommen sie die Bergmannswelt unter Tage vorgeführt, Waschkaue und Lampenstube werden besichtigt, die Entwicklung vom offenen Geleucht zur Akku-Kopflampe erklärt und anschaulich demonstriert, wie schwierig es früher war, den "Stoff, aus dem die Wärme kommt", ans Tageslicht zu befördern.

Saarländisches Bergbaumuseum
Niederbexbacher Straße,
März-Sept. tgl. 10-17 Uhr, Okt.-Feb. Mo.-Fr. 9-16 Uhr, Sa. + So. 13-17 Uhr

Neunkirchen | Zoogeschichten

33 Hätten Sie gedacht, dass Neunkirchen den größten Tiergarten des Saarlandes besitzt? In diesem weitläufigen Zoo warten rund 500 Tiere aus 150 Arten aus allen Ecken und Winkeln der Welt auf freundliche Besucher. Die kleinen Erdmännchen ebenso wie die beiden indischen Elefanten. Giraffen recken ihre langen Hälse, Löwen brüllen um die Wette, Braunbären klettern eilig über Felsen. Derweil hangelt sich eine Affenfamilie durch Netzgeflechte und schwingt sich an Seilen durchs Gehege, als ob es Lianen im Urwald wären. Im Menschenaffenhaus fühlen sich die beiden Orang-Utans zwischen Wassertümpel und künstlichem Termitenhügel sichtlich wohl. Ein Affentheater, wie es im Buche steht.

Zoologischer Garten
tgl. 8.30-16 Uhr

Ottweiler | Kreide, Tafellappen und Rechenmaschine

34 Mitten in der Altstadt von Ottweiler ist die (Schul-)Zeit stehen geblieben: Im Saarländischen Schulmuseum verströmen zwei historische Klassenräume die unvergessliche Atmosphäre vergangener Schulzeiten. Im Erdgeschoss ist ein Schulsaal mit der originalen Ausstattung aus der Zeit von 1910 bis 1950, im Dachgeschoss eine Lehrstube des 19. Jahrhunderts eingerichtet. In sieben weiteren Räumen sind Objekte zu verschiedenen Themen ausgestellt, außerdem ein Karzer und uralte Sportgeräte im Hof. Zu den Raritäten gehört ein 250 Jahre altes handgeschriebenes Rechenbuch, ein ABC-Buch von 1777 und ein mit Gänsefeder geschriebenes Schönschreibheft aus dem Jahre 1834. Eine interessante Lehrschau – nicht nur für Einserschüler.

Saarländisches Schulmuseum
Goethestr. 13,
Di., Do. + So. 10-17

St. Wendel | Kunst aus Missionsgebieten

Museum für Mission und Völkerkunde
Mo.-Fr. 9-12 + 14-18 Uhr, Sa. 9-12 Uhr

35 Im Jahre 1896 kamen die ersten sechs Steyler Missionare ins Küstengebiet von Neuguinea. Es sollte fast vierzig Jahre dauern, bis sie eine Expedition ins bis dahin unerforschte Innere der Insel unternehmen konnten. Unter vielen Mühen und Rückschlägen gelang es ihnen, das relativ dicht bevölkerte Hochland für die Missionierung zu erschließen. Eine so entbehrungsreiche Arbeit leisteten die Steyler Missionare nicht nur auf Neuguinea, sondern in vielen Winkeln der Welt auf allen fünf Erdteilen. Einer der Steyler Missionare, Pater Arnold Janssen, gründete 1898 das Missionshaus in St. Wendel, das heute das Missions- und Völkerkundliche Museum beherbergt. Trommeln aus Neuguinea, Teile eines Geisterhauses, Tanzmasken aus Afrika, ein chinesischer Buddha im Meditationssitz und andere Exponate machen mit der Kunst vieler Naturvölker bekannt. Tauchen Sie ein in exotische Welten und fremde Riten!

St. Wendel | Kunst zum Anfassen

36 Steine des (Denk-)Anstoßes – so könnte man sie nennen, die Skulpturen, die seit 1972 auf der Höhe von Baltersweiler bei St. Wendel die Landschaft bereichern. Leo Kornbrust, ein Bildhauer aus St. Wendel, hatte die Idee zu diesem Freilichtmuseum. Künstler aus fünf Ländern haben als Ergebnis eines Symposions ihre Spuren in das grüne Hochplateau gegraben. "Die Landschaft zeigt dem Himmel einen Backenzahn" – schöner kann man die Plastik des Japaners Togashi nicht beschreiben. Die Basaltbank von Prantl, die "zwei Säulen im Ehejoch" des Ehepaars Kubach-Wilmsen – die Vielfalt moderner Bildhauerkunst springt ins Auge. Diese Open-Air-Galerie bildet den spannungsreichen Ausgangspunkt zur 'Straße der Skulpturen', auf der weitere 23 Kunstwerke zu besichtigen sind.

Eppelborn-Dirmingen | Grüne Oase

Umwelt- und Freizeitzentrum Finkenrech
Tholeyer Straße, Mo.-Fr. 9-14 Uhr

37 Das Umwelt- und Freizeitzentrum Finkenrech wird allen Ansprüchen gerecht: Kinder und Jugendliche lernen hier Natur und Umwelt verstehen, sei es bei einer Ameisenwanderung durch den Wald, durch Biologieunterricht am Imkerlehrstand, auf der Suche nach schmackhaften Kräutern, Beeren und Pilzen, im grünen Klassenzimmer oder bei praktischen Experimenten zur Wind- und Solarenergienutzung. Lernen durch Anschauen gilt auch im Bio- und Obstlehrgarten, im Arzneipflanzengarten oder auf dem ökologischen Lehrpfad. Ein Fest fürs Auge ist der Blumenreigen, der sich fast über das ganze Jahr erstreckt: Bunte Blüten verströmen im Blumen-, Rosen- und Lavendelgarten betörende Düfte, Ziersträucher ranken kreuz und quer, und am verwunschenen Teich wuchern Schilfgräser um die Wette. Sie sind herzlich eingeladen, sich an dieser grünen Oase zu erfreuen.

Nohfelden-Bosen | See- und Seh-Vergnügen

38 Idyllisch eingebettet in die Mittelgebirgslandschaft des Naturparks Saar-Hunsrück liegt der 120 Hektar große Bostalsee mit viel Platz für alle Wasserratten. Zwei große Sandstrände und Liegewiesen laden zum Baden und Sonnen ein. Wer will, kann mit dem Tret- oder Ruderboot das Gewässer erkunden. Der Bostalsee ist auch für Segler und Surfer ideal: Infrastruktur und Windverhältnisse sind hier optimal.
Um den See führt ein sieben Kilometer langer Wanderweg mit Fischlehrpfad und Beobachtungshügel – das Gewässer ist im südlichen Bereich als Naturschutzgebiet ausgewiesen. Getrennt davon verläuft ein ebenso langer Radweg. Außerdem fährt die Bosibahn in einer Stunde um den See.

Nonnweiler | Steinerne Zeugen steiniger Zeiten

39 Der keltische Ringwall bei Nonnweiler-Otzenhausen ist ein beeindruckendes Dokument für die frühe Besiedlung unserer Region. Dieser Wall, im Volksmund auch "Hunnenring" genannt, wurde um 50 v. Chr. errichtet. Ein gigantisches Bauwerk: Rund 2200 Meter lange Steinwälle umschließen eine 20 Hektar große Fläche. Die bis zu zehn Meter hohen Steinmauern erfordern festes Schuhwerk. Von einem Parkplatz, der etwa 1,5 km hinter Otzenhausen in Richtung Züsch liegt, führen drei Wege zu der eigentlichen Anlage. Vorsicht, der eine ist 500 Meter lang, sehr steil und im wahrsten Sinn des Wortes atemberaubend. Die anderen sind weniger beschwerlich, dafür doppelt so lang. Aber der imposante Anblick des "Hunnenrings" lohnt die Mühe.

Nonnweiler | Zu Fuß durch die Galaxis

40 Sie starten direkt an der Sonne: Der Ausgangspunkt Ihrer galaktischen Wanderung ist auf dem Staudamm der Talsperre Nonnweiler. Hier beginnt der Planetenlehrweg, der Sie ein großes Stück entlang des Staudammes führt, mit wichtigen Informationen. Auf dem Staudamm selbst folgen die Modelle von Merkur, Venus, Erde (mit Mond) und Mars – alle im Maßstab 1:1 Milliarde. Kurze Zeit später gelangen Sie zum größten Modellplaneten, dem Jupiter. Nun führt Ihre astronomische Wanderung – an Saturn und Uranus vorbei – zu Neptun und Pluto, dem letzten Planeten unseres Systems. Er ist knapp sechs Kilometer von der Sonne entfernt.

Bei normaler Schrittgeschwindigkeit legen Sie diese Strecke mit vierfacher Lichtgeschwindigkeit zurück.

Hermeskeil | Giganten zum Anfassen

41 Was macht eine Concorde mitten im Hunsrück? Ganz einfach: Der Nachbau dieses Überschallflugzeuges ist optischer Mittelpunkt der Flugzeugausstellung von Hermeskeil. In den Sommermonaten warten auf rund 75 000 Quadratmetern über 100 Original-Flugzeuge und Hubschrauber auf Sie. Zum Beispiel die Vickers-Viscount, die viermotorige Turbo-Prop und die Illjuschin II. Oder die gute alte JU 52. In drei großen Hallen finden Sie außerdem 60 Flugmotoren von 1914 bis heute, flugtechnisches Gerät und Großmodelle – interessante Details, nicht nur für Flugzeug-Enthusiasten. Und wer es genau wissen will: In einer Halle wird die Entwicklungsgeschichte des Flugzeugbaus anschaulich dokumentiert.

Flugzeugausstellung
April-Okt.
tgl. 9-18 Uhr

Kempfeld | Inmitten der Natur

42 Wenn Sie das Wildfreigehege am Fuße der Wildenburg besuchen, sollte auf jeden Fall ein Fernglas ins Ausflugsgepäck. An einem Felshang können Sie die seltenen Mufflons beobachten. Oder – aus unmittelbarer Nähe – Damhirschen und Rehwild bei der Fütterung zusehen. Es ist zu allen Jahreszeiten ein ganz besonderes Erlebnis, auf den Naturwegen zu wandern und dabei den Tieren nah zu sein. Ein Waldlehrpfad sowie verschiedene Schautafeln informieren über die Schutz-, Nutz- und Erholungsfunktionen des Waldes.
Neben dem Wildpark liegt die Ruine Wildenburg. Eine geschichtsträchtige Festung, die den Aufstieg mit einem kühlen Trunk im historischen Gewölbekeller und mit einer prächtigen Rundumsicht vom Aussichtsturm belohnt.

Wildfreigehege
Wildenburg
tgl. 9-17 Uhr

Idar-Oberstein | Hochkarätige Entdeckung

Edelsteinminen Steinkaulenberg
März-Nov. tgl. 9-17 Uhr

43 Das gibt es nur einmal in Europa: eine Edelsteinmine, die besichtigt werden darf. Idar-Oberstein, die 'Stadt der Edelsteine', hat einige der Stollen des Steinkaulenbergs zu einem Besucherbergwerk um- und ausgebaut. Eine brillante Idee: Von März bis November strahlen hier starke Scheinwerfer Bergkristalle, Achate, Amethyste und Rauchquarze an und tauchen die Höhlen in märchenhaftes Licht. Von so viel Glanz und Schönheit geblendet, fällt es schwer, nachzuvollziehen, mit wie viel Opfern die Achatvorkommen des Saar-Nahe-Gebietes erschlossen worden sind. Sie wollen selbst einmal Edelsteinhauer spielen? Erforschungs- und Schürfstollen und eine Edelsteinschleiferei warten auf Hobby-Schatzsucher.

Idar-Oberstein | Alle Steine dieser Erde

44 Die Doppelstadt an der Nahe mit ihren schönen alten Häusern genießt Weltruf. Denn der hochkarätige Schmuck, der in den Ateliers und Werkstätten gefertigt und in alle Welt exportiert wird, prägt das Bild dieser Stadt. Ebenso auch die berühmte Felsenkirche aus dem 15. Jh., das Wahrzeichen Idar-Obersteins. Wenn Sie tiefer schürfen wollen, erwartet Sie im Deutschen Edelsteinmuseum eine wahre Augenweide, nicht nur für Sammler. Hier finden Sie auf drei Etagen einer Gründerzeitvilla alle Edelsteinarten dieser Welt. Im ersten Obergeschoss funkeln die schönsten Exemplare. Lassen Sie sich faszinieren vom Farben- und Formenreichtum geschliffener Rubine, Smaragde und – unübertroffen – vom Glanz der Turmaline.

Deutsches Edelsteinmuseum
Jan.-Nov. tgl. 9-17

Kusel | Labyrinthische Burg

45 Majestätisch wirkt sie bereits aus der Ferne: Burg Lichtenberg, fünf Kilometer nordwestlich von Kusel gelegen, zählt zu den größten Burganlagen Deutschlands. Türme und Höfe sowie eine Kapelle sind über die 425 Meter lange Anlage verstreut. Ihr labyrinthischer Grundriss wurde von den Erbauern, den Grafen von Veldenz (1214–1444), so konzipiert. Durch drei hintereinander liegende Tore betreten Sie die Burg. Besichtigen Sie die weitläufige Anlage und in der 'Zehntscheuer' das Musikantenland- und Naturkundemuseum. Der 35 Meter hohe Bergfried mit seinem vorgelagerten Hufeisenturm bleibt beherrschender Mittelpunkt. Von dort oben liegt Ihnen die weite Westrich-Landschaft zu Füßen.

Musikantenland-Museum
Burg Lichtenberg, tgl. 10-17 Uhr

Fischbach | Tupfer aus Kupfer

46 Wenn Sie eine europäische Bergwerks-Besonderheit kennen lernen wollen, dann besuchen Sie Fischbach. Hier, in einer der schönsten Mittelgebirgslandschaften, fanden schon die Kelten gute Gründe für den Bergbau: die ergiebigen Kupfererze. Danach beutete eine Generation nach der anderen die reichen Lagerstätten aus. Seit 1472 ist die Grube urkundlich erwähnt und seit 1793 wieder außer Betrieb. Wenn Sie Details interessieren, können Sie – mit Schutzhelm versehen und warm angezogen – im Sommerhalbjahr sehen, was die Kumpels übrig gelassen haben: riesige Abbauhohlräume, so genannte Weitungen, und bunt schimmerndes Gestein, teilweise durch Oxidation grün und blau verfärbt. Wie mühsam die Kupfergewinnung in den frühen Jahren des Erzbergbaus war, wird lebensnah vermittelt durch die ausgestellten Figuren, die in Trachten gekleidet und mit alten Geräten ausgestattet sind.

Historisches Kupferbergwerk
Feb.-Nov. tgl. 10-17 Uhr

Bundenbach | Schieferschau tief in der Erde – und oberirdisch

47 Wer ein Faible für Fossilien hat, sollte auf jeden Fall die Schiefergrube Herrenberg besuchen. Einer Privatinitiative ist es zu verdanken, dass man hier seit 1976 wieder unter Tage gehen kann, freilich nicht zum Schieferschürfen. Das 1964 stillgelegte Bergwerk ist heute ein Museum, das seine Besucher in die Welt der Schiefergewinnung entführt. Hier gibt es die herrlichsten Versteinerungen zu sehen. Mehr noch: Lebensgroße Puppen demonstrieren, unter welch extrem harten Bedingungen früher einmal Schiefer gefördert wurde.

Schiefergrube Herrenberg
April-Okt. tgl.
10-13 + 14-17 Uhr

Immer wieder werden im Herrenberger Schiefer versteinerte Lebewesen freigelegt – Krebse, Korallen und Seelilien. Wer will, kann hier selbst Fossilien suchen und sich mit fachkundiger Hilfe sein eigenes Urzeit-Präparat anfertigen.

Bundenbach | Reise durch Jahrtausende

48 Bei der Altburg bei Bundenbach handelt es sich um eine Keltenburg aus der Mitte des 2. Jh.s v. Chr. Die letzte Bautätigkeit ist 78 v. Chr. bezeugt, 20 Jahre vor dem gallischen Eroberungskrieg Caesars. Die Altburg ist das östlichste Glied einer Befestigungskette, die sich vom Otzenhausener Ringwall im Westen über den Kamm des Hunsrücks zieht. Die Burgsiedlung hatte eine Größe von knapp 1,5 Hektar. Die sehr dichte Innenbebauung mit kleinen, eingeschossigen Wohnhäusern lässt zwei Zonen erkennen: Die Oberburg ist mittels eines rekonstruierten Palisadenzaunes von der Unterburg abgeteilt. Die Altburg lädt ein zu einer spannenden Reise durch die Jahrtausende.

Keltensiedlung Altburg
April-Okt. tgl.
10-13 + 14-17 Uhr

Hochstetten-Dhaun | Schloss- und andere Geister

49 Die Wild- und Rheingrafen haben im Hunsrück nicht nur Ruinen hinterlassen. Schloss Dhaun, seit dem 14. Jh. in deren Besitz, thront 150 Meter über dem Kellenbachtal und den wildreichen Wäldern des Soonwaldes. Das Schloss selbst, 1794 von französischen Revolutionstruppen geplündert und erst 90 Jahre später teilweise wieder aufgebaut, beherbergt heute die Gäste der Heimvolkshochschule. Auf Schloss Dhaun mit seinem gepflegten botanischen Garten gibt es vieles zu sehen: Beispielsweise laden unterirdische Gänge mit Verliesen zu einer Reise in die Vergangenheit ein. Oberirdisch geht es dann wieder zurück in die Gegenwart: Ein 3,5 Kilometer langer geologischer Lehrpfad zeigt an elf Stationen die erdgeschichtliche Entwicklung des Kirner Landes.

Bad Sobernheim | Dorfschönheit

50 Häuser haben Charakter – und ihre eigene Geschichte. Gerade auf dem Dorf. Bad Sobernheim hat sich etwas ausgedacht, um dem drohenden Gesichtsverlust landschaftstypischer Dörfer entgegenzuwirken: Im Freilichtmuseum im Nachtigallental wurden in vier voneinander getrennten Museumsdörfern Gebäude aus den Gebieten Mosel-Eifel, Mittelrhein-Westerwald, Hunsrück-Nahe und Pfalz-Rheinhessen wieder aufgebaut. Spazieren Sie von Dorf zu Dorf, treten Sie über die Schwellen und durch die niedrigen Türen der alten Häuser und werfen Sie einen Blick in gute Stuben und verräucherte Küchen. Einmal im Jahr, am letzten Sonntag im September, findet in den Dörfern ein großes Museumsfest statt. Schuhmacher, Hufschmiede, Besenbinder und Töpfer geben sich dann ein Stelldichein und führen alte Handwerkstraditionen vor.

Freilichtmuseum
April-Okt.
Di.-So.
9-18 Uhr

Bad Sobernheim | Barfuß in die Natur

Barfußpfad
Mai-Okt.
tgl. 9-20 Uhr

51 Machen Sie sich auf den Weg! Aber ohne Schuhe und Strümpfe, die können Sie am Quellenpavillon im Schließfach zurücklassen. Von nun an treten Sie auf Gras, weichen Sand und spitze Steine, auf Kies, Lehm, Teer oder Rindenmulch. So wirkt die Reflexzonenmassage quasi im Vorübergehen. Zum Abschluss kühlen Sie Ihre heißen Füße im Wasser der Nahe: Der 3,5 Kilometer lange Bad Sobernheimer Barfußpfad ist als abwechslungsreicher Rundweg mit verschiedenen Bodenmaterialien angelegt. Auf diesem Spaziergang der besonderen Art überqueren Sie zweimal die Nahe. Einmal per Nachen am Seil, das andere Mal durch eine Furt. Auch hier gibt Ihnen ein Seil Sicherheit. Sie können aber auch über eine Holzbrücke oder über eine endlos lange Fußgänger-Hängebrücke das andere Ufer erreichen. Übrigens: Am schönsten ist Barfußlaufen am frühen Morgen im taufrischen Gras.

Bad Sobernheim | Eindrucksvolle Frauengestalt

52 Hildegard von Bingen gehört zweifellos zu den größten Frauengestalten des Mittelalters. Die Feierlichkeiten zu ihrem 900. Geburtstag 1998 zeigten deutlich, welche Bedeutung dieser Äbtissin damals und heute noch zukommt. Als Achtjährige kam sie in die Obhut der Jutta von Sponheim, die in einer abgeschlossenen Klause auf dem Disibodenberg lebte. Hier lernte Hildegard lesen und schreiben, die lateinische Sprache und den Umgang mit der Bibel. 1136 wurde Hildegard Äbtissin. Damit begann für sie eine Lebensphase, in der sie sich zu einer großen Mystikerin entwickelte. Hildegard von Bingen wirkte außerdem als Ärztin, Dichterin und Naturwissenschaftlerin. Spurensuche auf dem Disibodenberg: Sie werden aktuelle Bezüge zur Gegenwart finden.

Bad Kreuznach | Musealer Treffpunkt

53 Zu Füßen der Kauzenburg liegen die Museen der Stadt Bad Kreuznach – inmitten eines historischen Parks mit Weihern und exotischen Pflanzen. Das Anwesen ließ Amalie von Dessau-Anhalt in der zweiten Hälfte des 18. Jh.s errichten. Heute befindet sich im ehemaligen Herrenhaus des Gutes das Schlossparkmuseum. Es berichtet eindrucksvoll über die geologische, archäologische und (kunst-)historische Vergangenheit der Stadt. Durch den Park gelangt der Besucher zur Römerhalle, die römische Funde präsentiert. Hier sind auch die beiden bedeutendsten Mosaikböden einer römischen Palastvilla aus der Mitte des 2. Jh.s n. Chr. zu besichtigen – beeindruckende Zeugnisse römischer Kultur.

Schlossparkmuseum
Dessauer Str. 49,
Di.-So. 10-17 Uhr
Römerhalle
Hüffelsheimer Str. 11,
Di.-So. 10-17 Uhr

Bad Münster am Stein-Ebernburg | Von der Nahe in die Ferne

54 Bis ins 12. Jahrhundert reicht die Geschichte der Burg Rheingrafenstein, deren gut erhaltene Überreste auf einem 135 Meter hohen, steil zur Nahe abfallenden Porphyrfelsen stehen. Im Jahre 1688 sprengten die Franzosen den Sitz der Rheingrafen vom Stein in die Luft. Heute eröffnet hier eine Aussichtsplattform einen herrlichen Panoramablick über das Nahetal. Vom Kurpark Bad Münster am Stein-Ebernburg sind es nur noch ein paar Schritte zur Personenfähre. Wie vor Jahrhunderten zieht der Fährmann sein Boot an einem Seil über die Nahe. Am anderen Ufer beginnt der Steilpfad hinauf zur Ruine. Ein wildromantischer, bisweilen aber auch beschwerlicher Weg entlang eines Felsens mit wahrhaft 'edler' Vergangenheit.

Bad Münster am Stein-Ebernburg | Burg mit Geist

55 Seit ihrer Erbauung um 1300 sah die Ebernburg viele Herren, die alle ihre baulichen Spuren hinterließen: romanische Säulen, eine staufische Schildmauer, einen hochmittelalterlichen Palas und Wappenreliefs aus mehreren Jahrhunderten. Doch nicht allein wegen ihrer beeindruckenden Architektur, vielmehr aufgrund des Geistes, der in ihr herrscht, wurde die Ebernburg über die Grenzen Deutschlands bekannt. Seit Franz von Sickingen Anfang des 16. Jh.s verfolgten Luther-Anhängern – wie Ulrich von Hutten – Zuflucht gewährte, nannte man die Burg auch "Herberge der Gerechtigkeit". Sie könnte aber auch "Zur schönen Aussicht" heißen, denn der Blick von der Festung ist wirklich beeindruckend.

Falkenstein | Indiz bewegter Zeiten

56 Auf der einen Seite der Schelmenkopf, auf der anderen das Mordkammertal und im Süden der Galgenberg: Die Ruine Falkenstein, man merkt es an ihrer Umgebung, hat eine bewegte Vergangenheit. Im Jahre 1133 als Reichsburg erbaut, 1647 erstmals geschleift und 1794 endgültig zerstört, überragen ihre malerischen Reste das gleichnamige Dorf. Die Wälder des einige Kilometer entfernten Donnersberges locken zu ausgedehnten Wanderungen, beispielsweise zum vorgeschichtlichen Keltenwall, der auf weiten Strecken noch sehr gut erhalten ist. Von hier aus können Sie leicht zum Königstuhl aufsteigen, der höchsten Erhebung des Donnersberges, und dort oben vom Ludwigsturm den herrlichen Ausblick genießen.

Imsbach | Berg mit reichem Innenleben

57 Die großen Imsbacher Gruben, seit 1921 stillgelegt, sind durch einen abwechslungsreichen Rundwanderweg erschlossen. Er beginnt in der Ortsmitte von Imsbach und führt an den zuletzt im Tagebau betriebenen Gruben 'Katharina I' und 'Katharina II' vorbei. Von dort geht es weiter zum 'Grünen Löwen' und zuletzt zur 'Weißen Grube'. Folgen Sie einfach den beiden gekreuzten Schlägeln.

Weite Bereiche des Stollensystems der 'Weißen Grube' sind heute als Besucherbergwerk zugänglich. Wenn Sie wollen, können Sie hier mehrere Hundert Meter in den Berg hineingehen und Ihr Herz für Erz erwärmen. Dabei begegnen Sie Spuren aus nahezu allen Epochen des Bergbaus der letzten 600 Jahre: von den mit Schlägeln und Eisen bearbeiteten Abschnitten aus dem Mittelalter bis hin zu der letzten Bergbauphase zu Beginn des 20. Jh.s, als mit Sprengstoff gearbeitet wurde.

Besucherbergwerk 'Weiße Grube'
April-Okt. Sa.+So. 10-17 Uhr

Kaiserslautern | Musen en masse

58 Die alte 'Barbarossastadt' Kaiserslautern, so genannt nach der Pfalz, die Friedrich I. Barbarossa hier errichten ließ, ist das kulturelle und wirtschaftliche Zentrum des Pfälzer Waldes. Hier hat auch die Muse ihren Platz gefunden: Die Pfalzgalerie zählt heute zu den bedeutendsten Kunstmuseen in Rheinland-Pfalz. In der Sammlung finden sich vorwiegend Werke deutscher Künstler des 19. und 20. Jahrhunderts, dagegen unterliegt die moderne Abteilung keiner regionalen Beschränkung. Das Theodor-Zink-Museum lädt zum Besuch seiner stadtgeschichtlichen und volkskundlichen Sammlungen ein. Für die anderen Musen sind das Pfalztheater und die benachbarte Fruchthalle zuständig: Dort bringen Schauspiel, Oper und Konzerte das kulturelle Herz der Stadt zum Schlagen.

Pfalzgalerie
Museumsplatz 1, Di.-So. 10-17 Uhr
Theodor-Zink-Museum
Steinstraße, Di.-So. 10-17 Uhr

Kaiserslautern | Tradition mit Tieren

Wildpark Betzenberg
Fütterungen: Mo.-Fr. 9-10 + 14-15 Uhr, Sa. + So. 9-10 Uhr

59 Die Großstadt im Grünen grüßt auf vielfältige Art. Geselligkeit und Gastlichkeit, begleitet von einem Schoppen Wein, passen so recht in diese Metropole des Miteinanders. Es hat wohl seine Gründe, dass der Jäger aus Kurpfalz, der Pfalzgraf Johann Casimir, sein Schloss gerade hier erbaute. Ganz in seinem Sinne dürfte auch der Wildpark am Stadtwald sein. Er ist inzwischen für manche Tierart eine zweite Heimat geworden. Hier sind Wildpferde und Wisente als Pfälzer Ureinwohner genauso vertreten wie im Tierpark in Siegelbach die Freunde aus der Ferne. Mit seiner Teichlandschaft stellt auch dieser Zoo eine Oase der Erholung dar. Die Palette der 70 Tierarten reicht von Wildtieren, die vom Aussterben bedroht sind, bis hin zu alten Haustierrassen.

Dieser Zoo entwickelte sich auf der Grundlage der 'Welt-Zoo-Naturschutzstrategie' weiter, was u.a. die artgerechte Tierhaltung beinhaltet.

Kaiserslautern | Roter Sand und grüne Wellen

60 Ungetrübten Naturgenuss finden Badelustige im Strandbad Gelterswoog, in der Nähe des Stadtteils Hohenecken. Früher war der Gelterswoog Anziehungspunkt für Abenteuerlustige. Das stille Wasser mit seinen blühenden Seerosen inmitten eines hohen Tannenwaldes war ein attraktiver Treffpunkt: Das Baden, und ganz besonders das Nacktbaden, war damals im Gelterswoog verboten. Bis heute hat sich am romantischen Eindruck dieses Gewässers nicht viel geändert, obwohl der Gelterswoog heute ein öffentliches, gut besuchtes Strandbad und schon lange kein Geheimtipp mehr ist. Wer genug hat vom Baden in den grün schimmernden Wellen, paddelt eine Runde oder legt sich auf den roten Sand zum Sonnenbaden.

Landstuhl | Burgtheater

61 Landstuhl wird von der Sickinger Burgruine Nanstein überragt. Der zeitweilige Besitzer, Ritter Franz von Sickingen, war ein Anführer der Reformation. Überlebenschanchen hatte er beim Kampf gegen die Reichsfürsten nicht: 1523 ist er auf seiner Burg während einer Belagerung gefallen. Erbaut hat Burg Nanstein ein anderer: Kaiser Rotbart Lobesam, um 1160.
Wenn Sie heute den Burgweg hinaufgehen, sehen Sie dem mächtigen Bauwerk nicht an, wie oft es im Laufe seiner Geschichte zerstört wurde. Eine Besichtigung ist ein Abenteuer für sich: steile Treppen, dunkle Gänge, verwinkelte Höfe – fehlt nur noch das Gespenst. Die Freilichtbühne im Burginnern hat in ihren sommerlichen Aufführungen pfälzische Mundart und Franz von Sickingen im Repertoire. Hier wenigstens hat der Ritter überlebt.

Wallhalben | Das Wandern ist des Müllers Lust

62 Kehren Sie diese Volksweisheit doch einmal um: Die Mühlen sind des Wanderers Lust. Und machen Sie sich im Wallhalbtal dann Ihren eigenen Reim darauf: Genau 23 Kilometer lang zieht sich der Mühlenweg von Landstuhl nach Thaleischweiler-Fröschen durch ein schmales, von Wald gesäumtes Wiesental. Früher klapperten hier 13 Mühlen, heute stehen die Mühlräder still – bis auf das im Mühlenmuseum Rosselmühle. Nur die Gedanken der Wanderer kreisen noch um ihre Vergangenheit, angeregt durch die Schautafeln, die Sie über die Geschichte der einzelnen Mühle informieren. Aus einigen wurden rustikale Gasthöfe, wie die Kneispermühle, in anderen können Sie sogar die Ferien verbringen. Und in der Weißermühle am Ende des Odenbachtals warten ein großer, gemütlicher Biergarten mit Kinderspielplatz und eine Ponyreitbahn auf große und kleine Gäste. Mühlenromantik pur!

Hambach | Symbole für die deutsche Demokratie

Hambacher Schloss
März-Nov.
tgl. 10-18 Uhr

63 Am 27. Mai 1832 zogen 30 000 Menschen auf den Schlossberg von Hambach, um mit dem "Hambacher Fest" für die "vereinigten Freistaaten Deutschlands" und ein "konföderiertes republikanisches Europa" zu demonstrieren. Auch wenn der direkte Erfolg ausblieb: Erhalten blieben immerhin die deutschen Nationalfarben Schwarz, Rot und Gold auf der Fahne, wie sie damals zum ersten Male gehisst wurde. Auch heute sind die Ereignisse von 1832 und ihre geschichtlichen Hintergründe auf dem Hambacher Schloss noch lebendig – in Führungen und Ausstellungen. Die bereits um 1000 unter den salischen Kaisern erbaute Burg erlebte wechselnde Eigentümer und etliche Plünderungen und Zerstörungen. Ab 1688 war sie eine Ruine, die ab etwa 1844 zur neogotischen Märchenburg für den späteren König Max II. umgebaut wurde. Doch das "pfälzische Hohenschwangau" wurde nie vollendet. Erst zur 150. Wiederkehr des Hambacher Festes 1982 erstand aus der Ruine das Hambacher Schloss.

Wachenheim | Spaß in weitläufiger Natur

Kurpfalz-Park
April-Okt.
tgl. 9-17 Uhr

64 Attraktionen und gute Stimmung inmitten des Pfälzer Waldes: Im Kurpfalz-Park Wachenheim, einem Wild- und Freizeitpark, wird zwischen April und Oktober jede Menge Abwechslung geboten. Den besten Überblick gewährt der Kurpfalz-Express, der Sie durch eine beschauliche Landschaft führt. Gleichzeitig locken Fahrattraktionen der besonderen Art: Beispielsweise die Rollerbobbahn 'Rotsteigflitzer' oder die spritzigen Bumperboats. Aber auch das große Piratennest und die vielen Spielanlagen, das große Rutschenparadies und der 'Irrgarten' machen Spaß. Das weitläufige Gelände lädt außerdem zu ausgedehnten Spaziergängen ein. Streifen Sie durch das Freigehege der Damhirsche oder beobachten Sie die urigen Bewohner des Bergwildparks. Und wenn die Herrscher der Lüfte ihre großen Schwingen über Ihnen ausbreiten, findet gerade eine Greifvogel-Flugvorführung statt.

Bad Dürkheim | Majestätische Ruine

65 Eine der größten Burgruinen des Landes Rheinland-Pfalz ist die gewaltige Hardenburg. Sie entstand im 16. Jahrhundert als mächtiges Befestigungswerk der Grafen von Leiningen, einem durchaus streitbaren Geschlecht. Bereits den Baugrund für ihre Feste hatten sie sich unrechtmäßig angeeignet und im Verlauf des 15. und 16. Jahrhunderts waren sie an rund zwanzig kriegerischen Auseinandersetzungen mit ihren Nachbarn beteiligt. Vom 16. bis ins 18. Jahrhundert wurde die Burg dann zum repräsentativen linksrheinischen Residenzschloss ausgebaut. 1794 fiel die Pracht allerdings der Brandschatzung französischer Revolutionssoldaten zum Opfer. Seither ist die Hardenburg eine Ruine, erhalten sind der runde Geschützturm, Reste der Wohnräume und das mächtige Kellergewölbe. Der Renaissancegarten und der Obstgarten wurden rekonstruiert.

Neuleiningen | Im Burgdorf ist die Zeit stehen geblieben

66 Wer von der Rheinebene zu den Ausläufern des Haardgebirges hinaufschaut, sieht schon von weitem Kirche, Mauern, Türme und Häuser, eng zusammengedrängt auf einem Felssporn. Durch das Tor der alten Stadtbefestigung betritt man ein Dorf wie aus dem Mittelalter mit kopfsteingepflasterten Gassen, schmalen Treppen, Sandsteinmauern und Torbögen, malerischen, mit Fachwerkfassaden und Erkern geschmückten Häusern und hübschen Höfen. Den rund 800 Einwohnern von Neuleiningen hat die sorgfältige Bewahrung und Restaurierung ihres historischen Ortskerns schon mehrfach Auszeichnungen eingetragen.

Hoch über dem Dorf thront als Teil der Stadtbefestigung die Burg. Graf Friedrich erbaute sie um 1240, doch 1690 wurde sie niedergebrannt und ist seither eine malerische Ruine. Die Burgschänke ist für ihre exzellente Küche bekannt, und bei schönem Wetter hat man einen wunderbaren Ausblick über die rheinische Tiefebene bis hinein in den Odenwald.

Saarbrücken / Hunsrück / Westliche Pfalz

Die schönsten Radtouren
für Sie entdeckt

Naturerlebnis und Geselligkeit, Anstrengung und Erholung – dieses Wechsel- und Spannungsverhältnis macht den Reiz einer Fahrradtour aus. Und da neben der sportlichen Betätigung vor allem die Freude am Radfahren nicht zu kurz kommen soll, radelt man auf ausgeschilderten Wegen oder idyllischen Nebenstraßen, streift kleine und große Seen oder begleitet Flüsse und Bäche. Dabei spielt es keine Rolle, ob es sich um einen kurzen Sonntagsausflug, eine anspruchsvolle Tagesfahrt oder um

10 Fahrradtouren

eine mehrtägige Tour mit allen Schwierigkeitsgraden handelt. Was zählt, ist das intensive Erlebnis und nicht so sehr die zurückgelegten Kilometer. Ob man nun allein, mit Freunden oder der Familie unterwegs ist – immer ist auch der Weg das Ziel: Wer mit offenen Augen durch Deutschland radelt, entdeckt reizvoll gelegene Badeseen und gemütliche Biergärten, die unter Schatten spendenden Bäumen zur Rast einladen, oder kleine Museen mit verborgenen Schätzen. Oft grüßen romantische Schlösser und Burgen auf halber Höhe, die mit weiten Ausblicken punkten. Geht es gar zu steil bergauf, darf der Drahtesel auch mal geschoben werden. Dafür weht der Fahrtwind bergab umso kräftiger um die Nase.

In diesem Freizeitführer und in der beigefügten Freizeitkarte werden die schönsten Fahrradtouren vorgestellt. Die abwechslungsreichen Strecken berühren sehenswerte Ausflugsziele und wecken die Freude an Natur, Kultur und Geselligkeit.

Tour 1 | Trier – Pellingen – Wiltingen – Konz – Trier

Länge: 40 km
Dauer: 4 Stunden
Diese "Saar-Mosel-Tour" ist auch für Gelegenheits-Radwanderer nicht zu schwierig.

Von Trier aus macht man sich auf den Weg in Richtung Olewig, kommt am imposanten römischen Amphitheater vorbei und radelt auf zunächst leicht ansteigender Strecke durch das Franzenheimer Bachtal nach Pellingen. Zwischen Weinbergen und Wiesen hindurch erreicht man in kurviger Talfahrt Wiltingen, fährt ans Ufer der Saar und weiter nach Konz. Dort vermittelt ein Besuch im Freilichtmuseum Roscheider Hof interessante Einblicke in das frühere bäuerliche Leben in der Region. An der Mosel entlang geht es dann zurück nach Trier.

Tour 2 | Merzig – Beckingen – Losheim – Merzig

Länge: 38 km
Dauer: 3,5 – 4 Stunden
Außer einem steilen Anstieg bei Rissenthal weist diese schöne Rundfahrt durch das Saar-Bergland keine nennenswerten Schwierigkeiten auf.

Auf einem Radweg fährt man von Merzig am Ufer der Saar entlang bis nach Beckingen und folgt dem Mühlenbach bis zu seinem Quellgebiet bei Rissenthal. Hat man die steile Strecke hinauf auf die Hochfläche vor Losheim geschafft, wird man mit einer herrlichen Abfahrt in den reizvollen Erholungsort belohnt. Nach einem Besuch des Eisenbahnmuseums oder nach einem erfrischenden Bad im Losheimer Stausee (s. Abb.) radelt man hinunter ins Seffersbach-Tal und erreicht nach einer gemütlichen Fahrt wieder Merzig.

Tour 3 | Saarlouis – Berus – Ittersdorf – Ihn – Gisingen – Saarlouis

Länge: 33 km
Dauer: 4 Stunden
Die aussichtsreiche Tour zwischen Saar und französischer Grenze ist streckenweise recht anspruchsvoll.

Von Saarlouis, der einstigen Festungsstadt des "Sonnenkönigs" Ludwig XIV., führt die Tour über Altforweiler steil aufwärts ins Bergstädtchen Berus und zum "Europäer-Denkmal", das u. a. Konrad Adenauer und Robert Schuman gewidmet ist. Von dort aus bieten sich herrliche Blicke übers Saar-Tal und bis weit nach Frankreich hinein. Die weitere Strecke über Ittersdorf nach Ihn verläuft recht angenehm, steigt aber dann bis Gisingen wieder an. Im Nachbarort St. Barbara kann man sich ein römisches Kupferbergwerk aus dem 3. Jh. n. Chr. ansehen, bevor man über Wallerfangen nach Saarlouis zurückkehrt.

Tour 4 | Hermeskeil – Damflos – Nonnweiler – Wadrill – Hermeskeil

4

Länge: 36 km
Dauer: 4 Stunden
Auf der abwechslungsreichen Radwanderung durch den Schwarzwälder Hochwald gibt es vieles zu entdecken.

Von Hermeskeil radelt man durch das obere Priems-Tal nach Damflos. Ein Abstecher in den Nachbarort Abtei, um auf dem riesigen Freigelände des Flugzeugmuseums alte und neuere Maschinen zu bestaunen, lohnt sich nicht nur für Flugzeugenthusiasten. Nach einer längeren Berg- und Talfahrt erreicht man den Priems-Stausee und fährt am Ufer entlang nach Nonnweiler. Kurz vorher empfiehlt sich ein weiterer Abstecher zum "Hunnenring" bei Otzenhausen, eine um 50 v. Chr. errichtete monumentale keltische Ringwallanlage. Durch das hübsche Tal des Wadrillbaches hindurch kehrt man nach Hermeskeil zurück.

Tour 5 | Fischbach – Sulzbach – Herrstein – Fischbach

5

Länge: 33 km
Dauer: 3 Stunden
Trotz des langen Anstiegs durch das Hosenbachtal schaffen auch Radwander-Amateure diese "Zwei-Täler-Tour".

Die erste Station der Tour, die in Fischbach beginnt, erreicht man bereits nach knapp 3 Kilometern. In einem Ende des 18. Jh.s aufgelassenen Kupferbergwerk erfährt man, unter welchen Mühen im ausgehenden Mittelalter das wertvolle Erz gewonnen wurde. Auf gut befahrbaren Wegen radelt man durch das Hosenbachtal stetig aufwärts nach Sulzbach. Dann geht's hinunter nach Hottenbach, durch das immer schmaler werdende Fischbachtal zum wunderschön restaurierten mittelalterlichen Städtchen Herrstein und zurück nach Fischbach.

Tour 6 | Bad Kreuznach – Fürfeld – Pfaffen-Schwabenheim – Bad Kreuznach

6

Länge: 32 km
Dauer: 3 Stunden
Diese Tour durch die reizvolle "Rheinhessische Schweiz" ist ideal für einen Ausflug mit der ganzen Familie.

Die Rundfahrt beginnt in Bad Kreuznach, dessen Museen unterhalb der Kauzenburg bedeutende Exponate aus der knapp 500 Jahre dauernden römischen Geschichte der Stadt präsentieren. Man fährt auf leicht ansteigender Strecke Richtung Hackenheim, zweigt kurz vor dem Ort ab in Richtung Forsthaus Spreitel und radelt gemütlich nach Fürfeld. Dann geht's am Ufer des Appelbaches entlang durch hübsche, von Weinbergen umgebene Orte nach Pfaffen-Schwabenheim. Von dort ist es nicht mehr weit bis Bad Kreuznach.

Tour 7 | Flonheim – Wendelsheim – Mörsfeld – Wöllstein – Flonheim

7

Länge: 36 km
Dauer: 3 – 3,5 Stunden
Diese "familiengerechte" Rundfahrt führt durch eine anmutige Wald- und Weinlandschaft.

Los geht's am Marktplatz des alten Weinortes Flonheim, dem "Tor zur Rheinhessischen Schweiz". Durch den Ortsteil Uffhofen hindurch und entlang des Wiesbaches gelangt man nach Wendelsheim. Man radelt weiter durch das idyllische Finkenbach-Tal nach Mörsfeld, kommt auf sanft hügeliger Strecke nach Wonsheim und fährt durch einen kleinen Wald zum Hof Iben. Dann folgt man dem Appelbach bis Wöllstein und radelt in ruhiger Fahrt über Eckelsheim und Wendelsheim wieder zurück nach Flonheim.

Tour 8 | Kusel – Remigiusberg – Bedesbach – Erdesbach – Kusel

8

Länge: 28 km
Dauer: 3 Stunden
Konditionsstarke Radwanderer meistern die Tücken dieser aussichtsreichen, aber anspruchsvollen Tour ohne größere Probleme.

Auf einem Radweg entlang der B 420 fährt man von Kusel nach Rammelsbach. Für den langen, steilen Anstieg hinauf auf den Remigiusberg zu den Ruinen der Michelsburg wird man mit reizvollen Blicken auf die umliegenden Berge und Täler belohnt. Nach der raschen Abfahrt ins Glan-Tal fährt man auf zum Teil weniger guten Wegen bis nach Bedesbach und erreicht über Erdesbach auf der "Römerstraße" das Dorf Körborn. Bevor es zurück nach Kusel geht, lockt die weitläufige Anlage der Burg Lichtenberg (s. Abb.) zu einer Besichtigung.

Tour 9 | Kaiserslautern – Miesenbach – Landstuhl – Kaiserslautern

9

Länge: **40 km**
Dauer: **3,5 Stunden**
Die leichte Fahrt rund um den Kaiserslauterer Reichswald ist genau das Richtige für einen Familienausflug.

Vom Stadtzentrum in Kaiserslautern radelt man in Richtung des Naherholungsgebietes "Vogelwoog" und erreicht auf einem Waldweg Siegelbach. Dort verführt ein hübsch gelegener kleiner Zoo zu einer Erholungspause. Die Tour führt auf gut befahrbaren, manchmal sanft ansteigenden Wegen weiter über Mackenbach nach Miesenbach. Bei Katzenbach unterquert man die A 62, wenig später die A 6 und wieder die A 62 und kommt nach Landstuhl. Nach einem Abstecher zur Ruine Nanstein, der Burg des berühmten Ritters Franz von Sickingen, geht's meist parallel zur Bahnlinie zurück nach Kaiserslautern.

Tour 10 | Neustadt a. d. Weinstraße – Deidesheim – Wachenheim – Neustadt

10

Länge: **30 km**
Dauer: **3 Stunden**
Die für jedermann geeignete Tour führt durch eine der berühmtesten Weinregionen Deutschlands.

Von Neustadt an der Weinstraße, der "Perle der Pfalz" und "Krönungsort der Deutschen Weinkönigin", führt die Tour in stetem Auf und Ab über Gimmeldingen nach Deidesheim. Entlang der Deutschen Weinstraße fährt man weiter nach Wachenheim und erreicht auf einer reizvollen Waldstrecke den Kurpfalz-Park, der mit Tiergehegen, Greifvogel-Vorführungen und jeder Menge Fahrattraktionen zu einer ausgiebigen Pause einlädt. Dann geht es noch einmal kurz, aber kräftig bergauf, bevor man durch das romantische Gimmeldinger Tal nach Neustadt an der Weinstraße zurückkehrt.

Impressum

Bildnachweis

Titelbild: Studio Lang, Ostfildern
Fotos Ausflugsziele: Bildagentur Huber/Schmid (Aufmacherfoto); A. Fischer Nr. 54; HB Verlag/U. Kluyver Nr. 1, 4, 5, 6 + 11; HB Verlag/A. Fischer Nr. 12, 17, 18, 20, 25, 26, 34, 42, 43, 44, 46 + 47; Kurpfalzpark Wachenheim Nr. 64; Museum Römerhalle, Bad Kreuznach Nr. 53; R. Schenk-Kern Nr. 63; Stadtverwaltung Bad Dürkheim Nr. 65; Stadtverwaltung Merzig Nr. 16; Stadtverwaltung Homburg/Saar Nr. 30; Touristinformation Verbandsgemeinde Grünstadt-Land Nr. 66; Villeroy + Boch, Mettlach Nr. 14 + 15; alle übrigen Fotos W. Kern
Fotos Radtouren: W. Kern S. 42 + 45; Studio Lang S. 43, 44 + Aufmacherfoto

Impressum

Allianz Freizeitführer

Redaktion: MAIRDUMONT GmbH & Co. KG, Radegunde Schenk-Kern, Marco-Polo-Zentrum, D-73760 Ostfildern, Tel. 0711/4502-0, Fax 0711/4502-1006, E-Mail: r.schenk-kern@mairdumont.com
Kartografie: MAIRDUMONT / Falk Verlag, Ostfildern
Gestaltung: red.sign, Stuttgart
Layout: Studio Lang, Ostfildern

Die Angaben in diesem Freizeitführer, insbesondere die Anschriften und Öffnungszeiten, wurden sorgfältig geprüft. Für die Richtigkeit der Angaben kann trotzdem keine dauerhafte Gewähr übernommen werden. Die in dieser Broschüre vorgestellten Radtouren basieren weit gehend auf Vorgaben der Kompass-Radwanderführer, erschienen im Deutschen Wanderverlag.